RENACIENDO
ENTRE METÁFORAS

Diseñado por María J. Ocampo

Library of Congress Control Number 2024940165
ISBN 978-1-955328-18-0 (prbk)
978-1-955328-19-7 (ebook)

RENACIENDO
ENTRE METÁFORAS

Por *EMMA SIGUENCIA*

Queens, NY

A mis grandes amores, Carolina y Emiliano.
A mis padres, mis siete hermanas, y mi hermano.
Y de manera especial a mi abogada,
Deirdre Stradone, y a sus colegas.

AGRADECIMIENTOS

Agradezco a Dios por darme la vida,
a mis hermosos hijos por darme espacio para escribir,
y a mi querida hermana, Nube, por siempre estar ahí.

Índice

Prólogo

Tener un buen corazón en un mundo cruel es valentía, no debilidad.-
Katherine Hanson

En el corazón de estas páginas yace una historia como un eco de mi alma, el susurro de mis sueños y la expresión de mis emociones. En ella están plasmados los altibajos, desafíos, y las lágrimas que me nutrieron para encontrar la resiliencia y la sonrisa que hoy llena de fortaleza el vacío que habitaba en mí.

La vida cambia y se va sin permiso alguno, huyendo con cada sueño, y no te das cuenta de que sigues en ese mismo lugar que te hace daño, despertando con quien no amas, esperando que alguien arregle tu vida por ti.

Si tomamos el tiempo de mirar atrás, podríamos ver las lecciones que la vida nos ha ido enseñando. La mayoría de los seres humanos hemos pasado por un dolor profundo, por una etapa en la vida que nos ha dejado un antes y un después.

Es fácil quejarse, ser negativos, abandonar los sueños, pero si nos fijamos, son precisamente esos momentos de adversidad lo que nos ayudan a formarnos y moldearnos.

Es en dichos momentos que debemos preguntarnos quiénes somos; verlos como una lección que depende de nosotros extraer. Es ahí cuando desarrollarás tu carácter y potencial. Así desarrollé el mío.

Emma

La Hija del Gavilán

Cuando caminaba por mi pequeño pueblo Ingapirca, de la provincia Cañar, en Ecuador, rodeada de campos verdes y cielos interminables, a pesar de la serenidad aparente de su entorno, anhelaba algo más, un lugar donde «alcanzar mi grandeza».Más allá de ver las grandes colinas, imaginaba un escenario donde mis talentos podrían brillar, y sentía que mi alma estaba destinada a horizontes más amplios. Sabía que encontraría una ciudad con el lienzo perfecto para escribir mi propia narrativa.

Planté la semilla de la esperanza en mi corazón, confiando en que un día hallaría ese lugar sagrado donde encontraría refugio. A pesar de las tormentas y los vientos adversos, sostuve mi fe con firmeza, y así, entretejiendo sueños con la realidad, empecé a vivir imbuida de la convicción de que alcanzaría mi destino.

Permíteme desvelarte mi relato para que puedas trazar el mapa de mi travesía y comprender la fuerza inquebrantable del espíritu humano:

Mi padre, si hubiese recibido una carta de amor, jamás hubiera entendido que alguien le amaba. Las letras eran un puño de signos extraños y ajenos a sus ojos; la escuela nunca había sido visitada por sus grandes pies, escondidos tras esas cosas que decían ser zapatos. Sus pláticas de aquellas tardes-noches evocaban su juventud preñada de mil tragos amargos. Su vida era un limón por dentro y por fuera.

Huérfano a los 14 años, se quedó solo y a cargo de sus hermanos pequeños. Haber presenciado la muerte de su padre lo había marcado, llevándolo a refugiarse en el alcohol y, con lágrimas, entonaba las notas sin compás de «El gavilán».

Gavilán qué andas haciendo,
gavilán qué andas haciendo,
Rodeando tierras lejanas,
rodeando tierras lejanas, Gavilán.

Gavilán vuelve a tu tierra,
gavilán vuelve a tu tierra,
Que aquí tu familia espera,
que aquí tu familia espera, Gavilán.

Llorando tú me dijiste,
llorando tú me dijiste,
Que a mí solito has querido,
que a mí solito has querido, Gavilán.

Es lo único que le he escuchado cantar. A ciencia cierta, no sé qué significaba la canción o el gavilán para mi padre. Pero supongo que esa ave rapaz, de aspecto delgado y patas largas, una de las personificaciones del macho en el habla popular ecuatoriana, le inspiraba a elevarse por encima de sus desafíos.

La aguda visión del gavilán lo guía hacia la claridad en medio de la incertidumbre; abraza la libertad en los cielos y enfrenta los fuertes cambios del viento con sabiduría. Decía ser su guía y esperaba un día volar juntos en el cielo.

El gavilán, guardián majestuoso de los cielos, era el espejo en el que mi padre contemplaba su propia alma, buscando en sus alas la fuerza para desafiar la gravedad de las penas. Era la promesa de un nuevo amanecer, donde las sombras del pasado se desvanecen ante la luz de la esperanza.

A mis tiernos cuatro años,
en una mañana inesperada,
cuando aún las cortinas de mis ojos
no se habían abierto,
ante la daga hiriente de
la luz del sol,
una voz estruendosa,
parecida a un
rayo eléctrico que
azota con coraje la
tierra avisando que el
relámpago viene ya,
las ásperas cuerdas de
la garganta de mi padre
dejaron escapar su
rasposa voz para decirme:

«Levántate niña,
que hoy vas a saber
qué se siente ir al campo
a ganarse la comida».

Me levanté de prisa, pues una orden de papá debía ser obedecida.

—¡Sí, papá, ya voy! —respondí.
—¡Las horas que el día tiene son las justas para avanzar en la siembra! Toma tu desayuno; te espero afuera mientras arreglo algunas cosas —exclamaba papá.
—¡Anda niña, ven a desayunar que es tu primer día de trabajo! —dijo mi mamá.

Tomé en silencio aquel aparente desayuno que tenía sabor a nada que solo me dejó un vacío de incertidumbre; pensar en estar todo el día con papá equivalía a un mal día, y el castigo físico no se hacía esperar.

Cuando salimos de casa, la indiferencia de mamá me hizo sentir más frío que el de afuera. Tomé lo que tenía que llevar y seguí a papá, quien ya me había tomado ventaja en poco tiempo y con pocos pasos.

—¡Vamos niña, coge los bueyes y camina rápido!
—¡Sí, padre, es lo que intento hacer!

Los días de largas jornadas, con mi padre arando la tierra, pasaban lentos; tanto así, que sentí entender a qué sabía la eternidad. Imaginar que un día pudiera irme lejos, a un lugar diferente, y liberarme de las cosas que me torturaban, era solo una ilusión casi imposible que sucediera.

Mi madre era una versión de mi padre, pero en mujer; tan dura y fría como las rocas que se asomaban en los acantilados de mi provincia Cañar. Su vida parecía una competencia de sufrimientos entre aguantar a un hombre con más defectos que virtudes, golpeador, alcohólico y nada cariñoso; criar a sus nueve hijos; los quehaceres de la casa; y todavía ayudar en las labores del campo. De eso se trataba la competencia en la cual ella llevaba la delantera.

Yo, inocente, buscaba refugio en los brazos de mi madre, mientras que ella me rechazaba, cerrando su corazón, agotada por la lucha constante, e intentando defenderse de las agresiones que le hacía mi padre cada vez que él se embriagaba. Veía cuán grande era el sufrimiento de mi madre, entre aguantar a papá y buscar el pan para el montón de hijos que, hambrientos, la miraban a los ojos. Ella se desahogaba dándonos castigos físicos por la insistencia de pedirle un pan.

El maltrato físico se convirtió en una tempestad que parecía despedazarme, pero descubrí que mi cuerpo era más fuerte de lo que jamás imaginé.

En casa, las carencias sobraban.
Recibir una caricia
era más difícil que comer un pan,
y comer un pan era un lujo que pocas veces tuve.

Cada uno vivía su mundo,
cada quien,
con sus deberes,
sin tiempo para una charla,
para gastar mi voz en oídos amados,
para desgastar mis manos dando caricias.

Mis anhelos se accidentaban con la realidad,
haciendo de mi día a día un
cúmulo de desesperanza tan grande
como las cordilleras del Cañar.

La falta de calor del hogar se
reducía a cenizas antes de arder;
el calor del sol
era todo el calor que mi piel recibía.

Mi cuerpo crecía exactamente como
las flores silvestres:
A capricho de lo que la naturaleza ofrecía.

En silencio absoluto,
mi garganta se daba en ofrenda
a los oídos del tiempo.

Mi voz se guardaba como
si temiera a los recuerdos de

algún grito impetuoso
que pudiera dañar.

Aunque por dentro,
se movía inquieta
queriendo brotar,
así de la nada,
como esas plagas de gusanos
que carcomía los cultivos de papá.

El peine del viento
alineaba mis cabellos
cuando traviesa,
por las veredas,
me ponía a brincar.

Y en las charcas del camino
quedaban las huellas de mis pies,
que como siempre,
la lluvia, más tarde,
sin miramiento,
solía borrar.

Aunque mis limitaciones en todos los aspectos eran muchas,
cada mañana, cuando el sol se asomaba con su sonrisa amarilla por
la montaña, ya mis primeras inquietudes venían a molestarme; le
hacían cosquillas a mi mente y me susurraban al oído, ¿quieres co-

nocer qué hay allá, tras el horizonte que ven tus pequeños ojos? ¿Y si existiera una manera de encontrar una mina de azúcar, para, al tomar el café de las mañanas, endulzar los corazones de mi familia?, imaginaba. O, un edredón que nos cubriera de esos inviernos que metían sus garras invisibles entre las rendijas del barro que simulaba ser pared, y otro para el frío del desamor.

El desamor fue mi primer escollo, llenando mi océano de lágrimas que parecían ahogarme, pero debía construir mi propio barco de autoaceptación. Enfrenté tormentas que parecían no tener fin, pero decidí aferrarme como un buen capitán a mi propia nave. Sobrevivir al desamor, maltrato físico y emocional... es un viaje de valentía que pocos superan.

A pesar de que el tiempo camina lento, ¡se va tan rápido! A los seis años de edad, mi madre me inscribió en la escuela, inolvidable parte de mi vida.

La escuela,
cargada de mil cosas nuevas,
según mi mente,
aun por vivir.

Mis ganas de existir,
aprender para ser libre,
volar lejos y
olvidarme de mi
presente en brumas.

Pronto,
mis alas volvieron a tocar el suelo,
a embarrarse de suciedad y desesperanza.

Aquellos momentos eran
los que oscurecían esa luz
que como un pequeño sol
quería nacer dentro de mi universo.

Esa galaxia en miniatura que
estallaba de emociones dentro de mi ser
cuando la crudeza de la vida
rompía con furia el
endeble cristal de mis ilusiones.

Dolía tanto,
que en ese instante
prefería ser herida por la
lanza de algún enemigo.

Mis pies descalzos ignoraban la vergüenza
que sentían mi alma y mi corazón al
ver el brillo del calzado reluciente
de los otros niños,
sus uniformes perfectamente planchados.
Pero, sobre todo,
iban acompañados por sus padres.

Yo, lejos de parecer una niña,
parecía un espantapájaros hecho de harapos.
Mi peinado daba la impresión de
que pretendía verme más fea que
una muñeca abandonada en
el patio baldío de una casa en ruinas.

Mi ropa,
remendada con puros retazos de
las viejas faldas de mi madre,
formaban cuadros abstractos de
colores grotescos,
sin sentido.

Más mi alma escondía,
detrás de mi apariencia,
la mejor de mis sonrisas.

Y enfrenté mi primer día de clases
con la jerarquía de una princesa inca.
Demostraba mi inteligencia,
cada pregunta respondida con valentía.

Por fuera,
un montón de harapos;
por dentro,
una mina de oro que dejaba brillar.

Mis calificaciones tenían que ser excelentes. No podría ser de otra manera porque, allá afuera, estaba aquel hombre tan recto y severo, el mayor de la familia, mi hermano. Si mis calificaciones no llegaban con un veinte exacto, le tocaba corregir, como le enseñaron, con la frase «la letra con sangre entra».

A pesar de mis calificaciones, mi hermano no perdía la oportunidad de corregirme con dureza. Siempre fue un hombre de fuertes convicciones y sueños de grandeza, algo que hoy puedo entender. Creía que la manera de alcanzar la excelencia era a través de la disciplina y la rigidez, y cuando cometía un error, por mínimo que fuese, no dudaba en levantar la voz y corregir mis fallas.

La adolescencia
se aproximó sigilosa,
como la sombra que se desliza
al caer la noche,
envolviéndome en sus brazos
sin pedir permiso.

Un huracán de emociones,
un vendaval de sentimientos tumultuosos
que sacudían mi ser sin piedad.

Cada cambio físico,
cada cambio emocional
era como un terremoto en

mi interior
sacudiendo los cimientos
de mi identidad y
dejando grietas en mi alma.

No quería dejar atrás la
inocencia de la niñez,
aferrándome a ella como
un náufrago a la tabla salvavidas
en medio del océano de la madurez.

Los espejos se convirtieron en enemigos,
reflejando la imagen de
una desconocida dibujada en
sus superficies cristalinas.

Cada vez que me miraba,
veía un fantasma del pasado,
un eco de lo que alguna vez fui,
pero también una premonición
de lo que estaba por venir.

Mi deseo más profundo:
Resistir el embate de la adolescencia.
Más era como luchar contra la marea que
avanza inevitablemente hacia la orilla.

La primavera de la vida me
envolvió con la misma certeza
con que los brotes de los árboles emergen
anunciando el cambio y
la transformación,
obligándome explorar
nuevos paisajes de mi ser.

A pesar de las estrecheces económicas que nos rodeaban, mis padres, vislumbrando algún potencial en mí, algún destello de luz que merecía ser cultivado, me inscribieron en la secundaria para brindarme un camino de oportunidades.

Cada mañana, antes de que el sol despertara por completo, mi ritual comenzaba tocando la habitación de mi madre. En la penumbra del amanecer, surgía mi súplica silenciosa por el dinero que necesitaba para ir al colegio, aquel camino distante y desconocido, mi senda hacia el crecimiento.

Mi madre, una mujer de coraje indomable, se encontraba atrapada entre la fuerza de su amor y la angustia de sus limitaciones. Su corazón generoso se veía constreñido por la impotencia de no poder darme todo lo que anhelaba. Pero, aun así, con cada paso que daba hacia la puerta, se convertía en el faro de mi esperanza, iluminando mi sendero cuando me lanzaba un par de monedas.

Cada domingo, el sol despertaba a mamá para su danza en su feria con una cesta rebosante de huevos de ganso cosechados con esfuerzo a lo largo de la semana. Cada huevo era una moneda para los libros y la comida de nuestra gran familia. La valentía brillaba como el telón de una obra maestra, y sus sacrificios tejían un tapiz de amor que nos envolvía a todos en el teatro de su vida.

En otros días de necesidad, mi hermano era un faro de generosidad, iluminando mi camino con dinero para el pasaje del autobús. Mientras que yo, como un malabarista en la cuerda floja de la vida, me las ingeniaba para vender los cosméticos que un familiar me facilitaba, obteniendo unos cuantos centavos, como un malabarista habilidoso. Hubo días en los que la escuela se volvía un laberinto inaccesible, no por falta de voluntad, sino por la fortaleza de la muralla de la escasez.

En el laberinto de las barreras sociales,
las risas de las niñas privilegiadas
resonaban como melodías lejanas.

Yo,
arquitecto de mi propio destino,
construía una sinfonía de
determinación y resistencia.

Sus miradas de desdén
eran como sombras fugaces.
La educación,
un faro resplandeciente de esperanza.

Cada lección aprendida,
una llave;
una entrada al mundo
donde el valor no se mide con monedas.

Cada experiencia,
era una piedra en el camino,
tallada por
el viento implacable del destino.

Las alegrías eran como luciérnagas
que iluminaban mis noches oscuras.
Mientras que las penas,
como sombras acechantes,
me enseñaron a bailar en la oscuridad.

En el recóndito abismo de
nuestros corazones
se esconden fragilidades
como mariposas en busca de refugio,
palabras no pronunciadas que
anhelan libertad,
y secretos que perfuman el aire
con la delicadeza de
nuestra vulnerabilidad.

El Crucero de Mis Quince Años

Las fechas de cumpleaños
      nunca fueron más que sombras
en el horizonte de nuestra familia.

Era un día primero de octubre,
envuelto en la
melancolía propia de la provincia,
fría como su clima y
misteriosa como sus acantilados,
escondiendo tesoros
bajo su manto de secreto.

El gavilán canta su triste melodía,
agitando los corazones de
quienes escuchan su cacareo.

Con una botella de tormenta en la mano,
y voz áspera como la
rugosidad de las piedras,
el gavilán entona su canción de desdicha,
destilando frustraciones,
ausencia de amor,
y el abandono que
su infancia había cosechado.

Ciego al espectáculo que ofrece bajo el licor,
nunca comprendió el daño que causaba.

Mi madre le hace frente con
un odio que araña el aire;
eleva su voz en un grotesco coro de
palabras afiladas tras las cuáles
llegan los golpes.

El miedo se cuela en mí como
el viento gélido del invierno y
me empuja a buscar un escondite seguro.

La discusión,
más acalorada que
de costumbre,
desvela la brutalidad
oculta en mi progenitor;
crueldad que el juicio
extraviado había desatado.

Mis oídos escuchan mientras
mi alma se desgarra en silencio…
Una herida nace en mi cuerpo y
en mi pecho...
Mi regalo de cumpleaños.

En el escenario tumultuoso de mi existencia, la crueldad y valentía danzaron juntas, dejando una cicatriz en mi corazón, pero también sembrando la semilla de la compasión y la comprensión. En el santuario de nuestro silencio, existe un acto de contención de secretos, tapados con un velo tejido como salvaguarda, para mantener la paz, en una forma de amor silencioso, de los que amamos. Cada uno sabe cuánto le pesa y duele su conciencia. En la complejidad de cada ser humano, hay historias inacabadas, y una mezcla de luz y sombras que nos lleva a extender la mano de la compasión y la empatía. Las cicatrices que cargamos, son testimonio de las pinceladas de nuestro recorrido en este caminar, viendo el mañana como una página en blanco para escribir historias de superación y resiliencia.

Hoy dejo ir cualquier resentimiento y abrazo la luz del perdón. Papá, tus sacrificios fueron piedras que construyeron el camino para ir tras mis metas. Tu sudor por los días de trabajo bajo el sol ardiente será reconocido mientras Dios me dé vida.

Gracias por tu dedicación silenciosa y
por la oportunidad de crecer junto a ti,
aprendiendo más de tu valentía y
no de tus errores.

Te perdono, no porque olvido,
si no porque elijo recordar la
parte hermosa de tu corazón.

Mientras sigamos en el viaje de la vida
estaré siempre para servirte,
honrarte, amarte, y respetarte.

En el vasto jardín de mi mente, las preguntas florecían como pétalos sin respuestas, mientras el río de la vida fluía, susurrando, que en mi pequeño pueblo de Ingapirca el destino tejía su intrincado tapiz de sucesos inevitables. Nadie dijo que el camino iba a ser fácil; debía sacar coraje, hacer surcos, perseguir mis sueños y hacerlos tangibles.

Mi rutina era la misma tras los cercanos montes en bruma, ahogados entre las densas nieblas, cubriéndome en las noches frías. En el resplandor de mi juventud, caminaba con determinación, persiguiendo mis sueños, con el corazón lleno de esperanzas, pero el destino teje hilos invisibles que cambian abruptamente los capítulos de la vida.

Y en el silencio de la noche,
el eco de mis interrogantes
resonaba en las montañas,
mientras el universo
conspiraba en un lenguaje
de símbolos y señas,
guiándome hacia un destino
que aún estaba por desvelarse.

Mi ser interior me decía,
«Yo soy tierra fértil,
cómo nací
no determina mi futuro.
No te detengas».

La vida a veces nos coloca
en situaciones desafiantes,
pero es ahí donde aparece nuestra fortaleza.

Cada día que resistimos
escribimos un poco
de nuestra historia de valentía.

Imagina que eres
como la fuerte raíz de un roble que,
a pesar dell azote de las tormentas,
sigue aferrado a la tierra.

Y mientras resistes,
jamás pierdas de vista
tus sueños y metas.
Recuerda,
tu mejor don
viene de lo más profundo de tu ser.

Los Susurros del Amor

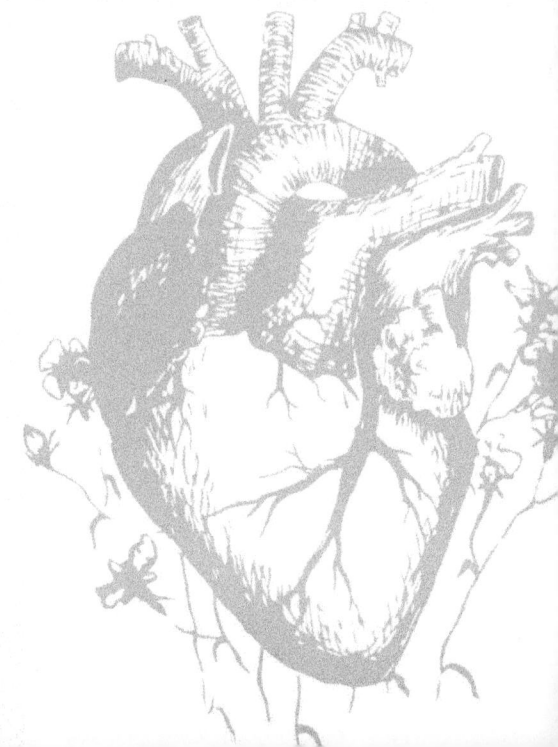

U n día ondeante,
    entre sombras y sueños,
me dejé hechizar por el eco de la libertad,
buscando escapar de la monotonía
de una libertad ahogada en penumbras.

Así, me adentré en el laberinto de
una relación que pronto se tornaría en
un infierno de sufrimiento y desdicha.

Del amor apenas poseía un destello,
como intentar atrapar el resplandor de
una estrella en la palma de la mano.

Arrastraba conmigo un abismo interior,
un vacío profundo que parecía devorar mi alma.

A veces,
culpaba al universo
por tejer mi destino
entre espinas y
espejismos,
condenándome a décadas de penurias
que desafiaban toda esperanza.

Mi mundo
se desdibujaba con tonos grises,
pero guardaba mi dolor como
un tesoro preciado,
oculto a los ojos del mundo.

No quería ser una carga para nadie,
ni permitir que el dolor
marcara mi semblante.

Escuchaba susurros sobre el amor,
sobre la magia de un sentimiento profundo
que trascendía el tiempo y el espacio.

A mis veinte años
anhelaba descifrar lo que era el amor.

En el tejido frágil de mi corazón,
los hilos del amor se enredaban en
una maraña de confusión,
incapaces de dar la ofrenda sagrada
de las palabras «te amo».

Mi figura esculpida,
y mi rostro adornado con la
belleza efímera de los mortales,
atrapaban miradas furtivas,

pero el destino jugaba sus
cartas con crueldad.

Caminando por los senderos del
parque de Azogues
buscaba nuevos horizontes,
cuando el encuentro con César
transformó mi destino.

Tras conversaciones que
parecían eternas,
sus palabras fluían como
ríos de sinceridad, y su humildad
iluminaba mi camino oscuro.

Intercambiamos
nuestros números de teléfono
que serían el puente hacia
un futuro incierto.

Pronto,
decidimos emprender un
camino juntos.

En César,
vislumbraba la posibilidad de
un cambio trascendental;

o quizás quería encontrar en sus brazos
el consuelo que tanto anhelaba.

Pero la realidad se desvaneció en
un torbellino de desilusiones
cuando las sombras de la verdad
se hicieron evidentes.

Nunca imaginé el calvario que aguardaba
detrás del velo de las ilusiones.
Y cuando quise dar marcha atrás,
las cadenas del destino me sujetaron con fuerza.

Entonces comprendí que
la soledad era preferible a la
toxicidad de una relación sin amor.

No le amaba,
solo hallaba seguridad en
su presencia. Un error fatal.

La lección se grabó a fuego.
En el momento de descubrir el
significado de la intimidad
la cruda revelación me
despertó de mi sueño.
No le deseaba.

Mi conciencia resistía ante el
deber de complacer al hombre
mientras mi cuerpo se revelaba en
repugnancia ante sus caricias.

Cada roce,
un acto de resistencia.
Cada encuentro,
una farsa que dejaba mi alma
desgarrada en la oscuridad.

Oraba en busca de fuerzas,
pidiendo perdón por el
error cometido.

Fingir se volvía un
arte doloroso;
una actuación que
me consumía por dentro.

Ocultaba mi tormento tras
una máscara de
aparente serenidad.

Pagaba un alto precio por
una decisión tomada en
la desesperación del alma.

La Magia que Llevo en Mí

Según las creencias en las que había crecido, no podía abandonar a quien mi cuerpo le había entregado; me encontraba atrapada en una encrucijada entre la culpa y la desolación. Más la sociedad y mi familia nunca entenderían que mi cuerpo había sido entregado, pero mi alma permanecía inalcanzable, anclada en un mar de desdicha.

Un día de valentía, decidí confesarle que no lo amaba, pero el destino jugaba sus cartas con crueldad y me regaló la sorpresa de la maternidad, dejándome atrapada en otro laberinto de desilusiones al mismo tiempo que la magia se desplegaba dentro de mí ante la noticia de que iba a ser mamá.

En el instante en que supe que llevaba dentro de mí la semilla de la vida, algo mágico floreció en mi corazón. Me perdí irremediablemente en el abrazo cálido del amor maternal y entregué cada fibra de mi ser a esa parte de mí que estaba por nacer. Cada latido se convirtió en una sinfonía de emociones, cada pensamiento giraba en torno a ese pequeño ser que crecía en mi vientre.

Nadie me preparó para el torbellino de emociones que acompañan la maternidad: lágrimas silenciosas, depresión, ansiedad, y noches de insomnio. La culpa, como un juez implacable, dictaba su veredicto en el tribunal de mi propia conciencia, paralizándome ante la inmensidad de mis errores. Luché con todas mis fuerzas para ser una buena madre, depositando mis sueños en el cálido regazo de mi pequeña; el mundo exterior me había cerrado sus puertas. Observaba el devenir de la vida a través de la ventana, llenando mis días de coraje, mientras sonreía en silencio, ocultando mis miedos tras un velo de lágrimas nocturnas.

Y cuando finalmente llegó el momento de sostenerla entre mis brazos, me envolvió una ola de amor tan poderosa que parecía trascender el tiempo y el espacio. Con el nacimiento de mi pequeña descubrí un sentimiento que me envolvió con su calidez, dulzura y emoción: el amor.

Mi hija era la plenitud misma, el verdadero sentido del amor. Cada día desde entonces ha sido un viaje de descubrimiento, una aventura en la que he aprendido a amar de una manera nunca imaginada.

Con cada risa, cada lágrima, cada pequeño logro, mi amor por ella se profundiza como raíces que se aferran firmemente a la tierra. Cada día trato de transmitirle el amor que no recibí.

Ser madre es un privilegio.

El Despertar de los Sueños

M e alejé de mi familia y de todos sin saber cómo pedir auxilio. No vislumbraba una salida para sobrevivir emocional, económica, y socialmente en un entorno estancado donde mi valía personal se desvanecía. Los estigmas impuestos por una sociedad conservadora junto a las expectativas de mis padres —encargarme del hogar mientras el hombre provee— pesaban sobre mis hombros, limitando mis opciones.

Crecí con la ilusión de encontrar la felicidad en una pareja, una casa, y la maternidad, pero nadie me había enseñado que primero debía encontrarla dentro de mí misma. Busqué afuera lo que solo podía hallar en mi propio ser, la verdadera plenitud.

Era una vida que parecía una crucifixión, soportando el precio de una carga demasiado pesada para mis frágiles hombros. El vacío que esperaba llenar cada vez se hacía más abismal, sumiéndome en una espiral de desesperación sin fin. Mientras tanto, César comenzaba a vislumbrar la farsa que era nuestra relación, enfrentándose a la complejidad emocional que yo guardaba en silencio.

Al principio, sus palabras eran como dulces melodías que acariciaban mis oídos. Sus promesas de protección y cuidado envolvían mi corazón en una ilusión dorada, pero pronto descubrí que su ternura era un velo que ocultaba su verdadero rostro, un rostro marcado por la voracidad de su ego y la crueldad de su control.

Como un navegante
perdido en un mar de mentiras,
me aferraba a sus engaños
como un salvavidas,
temerosa de naufragar en
la tormenta de sus desprecios.

Cada gesto de cariño
era un espejismo en
el desierto de mi desesperación.

Cada sonrisa,
una trampa
que me envolvía
aún más
en su telaraña
de manipulación.

Y así,
entre susurros de
la falsa compasión y
miradas de acero que
perforaban mi alma,
fui cayendo en el
espiral de su control
como una mariposa
atrapada en la telaraña,

incapaz de volar hacia la luz.

Cada día
era una batalla perdida
en la guerra de su dominio;
cada palabra suya
un golpe que
hería mi dignidad y
debilitaba mi voluntad.

Me sentía como
una prisionera en mi propia vida,
con las paredes de la
cárcel emocional
cerrándose cada vez más
a mi alrededor.

Su arma más letal:
La indiferencia;
un gélido silencio
que resonaba como
eco de mi propia soledad.

Me ahogaba en
un mar de dudas y miedos,
hasta que apenas podía distinguir la

línea entre la realidad y la ilusión
que él había tejido a mi alrededor.

En su juego retorcido,
las palabras
eran dagas afiladas;
las sonrisas,
trampas mortales.

Me culpaba por los pecados que
él mismo sembraba en mi alma,
tejiendo una maraña de
manipulación psicológica
que me arrastraba hacia el abismo.

Y en el oscuro laberinto
de mi alma,
se alzaban murallas de culpas,
erigiendo un bastión de
tormento en mi pecho.

La culpa
me corroía por dentro,
como lluvia ácida,
inundando mis venas con
el amargo néctar del
arrepentimiento.

Como hojas arrastradas por
el viento del destino,
pasaba el tiempo,
hasta que pude descifrar
con quién dormía:
Un demonio enmascarado,
un narciso
envenenado por su propia vanidad.

El silencio se convirtió en mi prisión,
los susurros del eco
resonaban con la crudeza
de una verdad no dicha.

La toxicidad,
veneno invisible que
se infiltraba en
mis pensamientos,
distorsionaba mi realidad,
convirtiendo mis sueños en pesadillas y
mis esperanzas en cenizas.

El Vals de la Vida

En esta guerra invisible, somos guerreros sin espada, luchando con la única arma que nos queda: la fuerza frágil y valiente de nuestros corazones humanos.

En tal estado, mi cuerpo sucumbió al asedio de una relación tóxica, y mi sistema inmunológico se debilitó, dejándome vulnerable a las enfermedades. Las enfermedades psicosomáticas pintaban un paisaje de dolor y desesperación y como una melodía disonante, cada fibroadenoma que aparecía en mi seno resonaba con la tristeza de un poema sin terminar; una sinfonía de sufrimiento que se deslizaba entre las notas de mi piel. Aunque una cirugía extirpara el tumor, no extirparía las cicatrices del alma. La medicina podía ofrecer alivio temporal, pero no podía curar la raíz de la enfermedad, una partitura trazada por el desequilibrio hormonal.

Entonces, la medicina prescrita ordenó la gestación de un nuevo hijo.

¿Qué sinfonía era esta, donde la cura se viste de desafío; ¿dónde el tratamiento, con su manto pesado, eclipsa la propia enfermedad? Es como un eco discordante en la armonía del destino.

Aparentemente, mis tumultuosos vaivenes emocionales eran meros juguetes en manos de hormonas desbocadas. Por eso, los médicos, cuáles sabios alquimistas, buscaron la cura en la creación de otra vida. Sí, tenía que embarazarme otra vez. ¿Podría la solución a mis tormentos residir en el dulce vínculo de la maternidad? ¿Sería la gestación de un nuevo ser, la píldora mágica que calmaría la tempestad que rugía dentro de mí?

Así, me hallaba en un escenario de contradicciones, una sinfonía cuyas notas disonantes se fundían con los ecos de un deseo urgente de salud. ¿Cómo aceptar la intimidad cuando el rechazo se alzaba como un muro infranqueable? ¿Cómo abrazar la idea de una nueva vida cuando el alma temblaba ante la idea misma del acto creador?

Entre frascos de antidepresivos,
encontré un refugio precario,
pero necesario.

Cada pastilla era un faro de
esperanza en la oscuridad,
una promesa de que quizás,
algún día, volvería a sentir la
calidez del sol sobre mi piel.

Entre las olas tumultuosas de
mi tormenta emocional,
vislumbré una luz tenue
pero reconfortante que
prometía seguridad en medio del caos.

Con el corazón en la garganta,
busqué refugio y consuelo en la
guía del hombre vestido de sotana.

Más el consuelo que
esperaba encontrar en la fe
que me había sostenido en otros tiempos
se desvaneció como humo en el viento.

Las palabras del sacerdote
resonaron en mi mente como
campanas de hierro
anunciando un juicio,
impasible:

¡Cásate!
¡Bautiza a tu hijo!
¡Lava tus pecados en las
aguas del matrimonio y
la sacramentalidad!

Muñeca de Trapo

La depresión y la ansiedad se encontraron para desarmarme. ¿Cómo explicarlas sino como un laberinto de espinas en el jardín de la mente?

Es vivir un infierno interior donde cada paso es un eco de agonía, donde la muerte parece una dulce liberación comparada con la angustia de habitar un cuerpo que ya no sentía como propio. El peso de la obediencia se posó sobre mis hombros, una carga pesada y fría que me hundía en las profundidades de la sumisión. Mi viaje al altar se convirtió en un peregrinaje forzado, una travesía espiritual y emocional en busca de una paz que parecía escurrirse entre mis dedos como arena fina.

Y me vestí de blanco.

Disfrazado de ángel,
el demonio me llevó a
su inframundo de odio y rencor.

Me convirtió en basura
sin que lo fuera,
me bebió toda
hasta dejarme hueca,
secando las flores
de mi primavera.

Y,
como si nada valiera,
me hizo su muñeca.

El brillo del anillo de matrimonio
no ahuyentó las sombras
que se cernían sobre mí.

Mi ahora esposo,
disfrazado de amante devoto,
me envolvía en sus mentiras
como en un manto oscuro,
susurrándome al oído
que yo era la culpable,
la que no sabía
querer lo suficiente.

Me sumergí en
su mundo maquiavélico,
en donde la realidad
se desdibujaba entre las
sombras de su manipulación.

Y me convencí de
que éste era mi destino;
un destino sellado
con lágrimas y suspiros.

¡Cómo anhelaba gritar!,
que alguien escuchara
mi llamado de auxilio.

Pero la vergüenza me
aprisionaba aún más,
convenciéndome de que
estaba sola en mi lucha,
de que el mundo entero
estaba en mi contra.

Cegada por las mentiras que
tejía mi captor,
mi familia lo elevaba a los altares,
y yo me hundía en el
abismo de su crueldad.

Mis parvas palabras
caían en oídos sordos,
y mis lágrimas se perdían
en el mar de la incredulidad,
mientras él se erigía
como el héroe de una historia
que solo él sabía narrar.

Ante el mundo,
éramos la pareja perfecta;

un modelo a seguir de
amor y devoción.

Mientras que
debajo de la superficie
de nuestras sonrisas,
se escondía un infierno
de desprecio y dolor.
Una danza macabra
en donde los insultos eran
las notas de una melodía
trágica y desgarradora.

Nadie podía ver las cicatrices
que él dejaba en mi piel,
las heridas que marcaban mi corazón.

Para él,
yo era solo un objeto,
una marioneta a su servicio
cuyos deseos y sueños
eran insignificantes ante su voluntad.

La embriaguez se convirtió en su refugio,
y las redes sociales en el escenario
donde hacía el papel de feliz amante.

Negarme a participar
era desatar su ira
que me obligaba a recapitular
con cada palabra y cada golpe.

Días después,
los moretones de mi cuerpo
desaparecían,
más no así los moretones de mi alma.

A veces,
me tomaba fuerte de los brazos,
rasgándome con sus uñas.
Entonces
me arrastraba hasta la habitación,
en donde me hacía suya
en contra de mi voluntad.

«Aunque te mate,
marido es»,
susurraban las voces ancestrales
en mi cabeza;
y el patrón se repetía como
un antiguo tapiz
tejido con hilos de
sumisión y sacrificio.

Una Chispa en la Oscuridad

El deseo de volver a gozar de salud
fue más fuerte que todo lo demás.

Intimé con mi esposo,
y en medio de este tumulto emocional,
como una flor naciendo entre las grietas del pavimento,
nació mi pequeña luz, Chispitas.

Una semilla plantada en el jardín de la incertidumbre,
cuyo crecimiento desafió todas las expectativas
llenando mi mundo de una nueva magia.

Al contemplar su sonrisa radiante,
comprendí, que a veces,
las respuestas a nuestras mayores contradicciones
yacen en las acciones más incongruentes del universo.

Así, en la paradoja de mi existencia,
me reencontré con la belleza de la creación en mi hijo.

Mi hijo, el nuevo comienzo sugerido por la ciencia,
emergido de las sombras, una poesía escrita con lágrimas y risas.

Mi hijo, el milagro de la vida en un nombre, Chispitas.

Utopía Social

En el transcurso de la vida, los hilos de la influencia social tejieron una tela densa y opresiva, envolviendo mi corazón en una red de convenciones y normas arraigadas. Como un pájaro atrapado en una jaula de oro, me encontré limitada en mi libertad de amar, constreñida por las sombras del pasado que se alzaban como muros infranqueables.

Soy hija de las alturas del altiplano andino, donde la tierra misma susurra los secretos de generaciones pasadas. Mis padres, enraizados en las tradiciones ancestrales, me legaron un legado de saberes y prácticas, como piedras fundamentales de mi propia existencia. Cada palabra, cada gesto resonaba con el eco de una historia antigua, y la voz de mis ancestros susurraba en mis oídos imponiendo sus mandatos como leyes inquebrantables.

En este paisaje de antaño,
las fronteras entre géneros
eran como ríos caudalosos,
separando las vidas de
hombres y mujeres en mundos aparte.

¿La amistad entre niños y niñas?:
Un sueño prohibido,
una sombra que se

desvanecía ante la
mirada acusadora de
una sociedad enraizada
en la rigidez de los
roles de género.

El hombre,
fuerte como el
viento que azota
las montañas;
la mujer,
delicada como una flor
que se mece al viento.

Máscaras impuestas por
una mentalidad obsoleta
que encadenaba los
corazones en un baile de
expectativas y prejuicios.

En el torbellino de creencias,
la juventud:
Un pecado;
una afrenta a las
buenas costumbres y
la paz familiar.

Ser joven:
Caminar por un sendero de espinas,
con el abandono y la pobreza
acechando en cada esquina.

La ignorancia:
Un manto oscuro que
cubría los ojos de la
sociedad,
impidiendo ver más allá
de las sombras del pasado.

La sexualidad:
Un tema tabú que yace
como un tesoro olvidado;
un secreto en el oscuro rincón
de la memoria,
enterrado bajo capas de silencio y
vergüenza,
perceptible solo por el
nacimiento de un nuevo ser.

¿Los besos?:
Semillas de vida que
germinaban en el
vientre a la unión
del matrimonio.

Ingapirca, mágico rincón del austro ecuatoriano que, como el mismo templo mandado a construir por el Inca Huayna Cápac, es una muralla en donde la cortina de la inocencia mantiene intacto el velo de la realidad, ocultando los secretos de la carne y el deseo.

Aún hoy día, en las calles polvorientas de mi amado pueblo, las palabras sobre sexo son como piedras preciadas, raras y esquivas. Su simple alusión hace teñir las mejillas de rubor y tras la máscara de educadas sonrisas de fingida inocencia. Pero detrás de esta fachada de pudor, las verdades silenciadas claman por ser liberadas, como aves cautivas que anhelan alzar vuelo hacia la libertad.

Bajo la mirada vigilante de mis padres, era prisionera de un mundo donde el amor se escondía en las sombras, donde ni las sonrisas furtivas o los susurros clandestinos fueron nunca vestigios de libertad. Salir a las fiestas de los barrios era simplemente prohibido, cerrándose así una puerta cerrada a las oportunidades de conectar con el otro, de encontrarnos y explorar el vasto territorio del corazón.

Cuando el amor, en susurros clandestinos, tocaba a la puerta, nos veíamos obligados a bailar en la penumbra, temerosos de las miradas acusadoras y los murmullos del juicio. Las parejas clandestinas, como amantes furtivos en un juego de escondite, se encontraban en rincones oscuros, esquivando las sombras del escrutinio público. Y cuando el destino tejía sus hilos y el fruto del amor, se manifestaba en el vientre de la mujer, el peso del deber y la tradición se abatía como una losa de plomo haciendo del matrimonio la única salida, una tabla de salvación para estar bien con la familia. Así, la libertad se vestía con los ropajes del compromiso, la independencia se hallaba encadenada al altar del deber.

La sombra de la religión se extendía sobre el paisaje cultural, hilvanando sus hilos de moralidad y doctrina en el lienzo de la cotidianidad. En el altar de la fe católica, el matrimonio era santificado como un sacramento, un acto sagrado que recibía la bendición divina, mientras que la unión fuera de este sagrado vínculo era condenada como pecado, una mancha en el lienzo de la virtud.

La vida, con tan altos ideales, convertían el matrimonio en ataduras que, como cadenas invisibles, aprisionaba los corazones en un baile de roles predefinidos. La mujer, guardiana del hogar y la cuna de los hijos, bailaba al compás del esposo, el arquitecto de los sueños y proveedor de recursos.

¿Hasta cuándo llevaremos las cadenas del tabú? ¿Cuándo permitiremos que la luz de la comprensión ilumine las sombras de la ignorancia?

Volar Sobre el Pantano

Como una melodía que encuentra su armonía, la vida me regaló una oportunidad, abriendo ante mí la puerta hacia un viaje transformador: emigrar a los Estados Unidos.

A pesar de las sombras de la incertidumbre que se alzaban en mi mente, no vacilé en responder al llamado de esta sinfonía de lágrimas y esperanza.

Cuando una de mis hermanas, que había estado tejiendo sus sueños en los rascacielos de Nueva York, pagó el tributo al coyote para que trajera a su hijo que había dejado bajo el cuidado de nuestra madre, vislumbré una oportunidad dorada para ascender desde las profundidades del oscuro abismo en el que habitaba.

Con palabras entrelazadas como hilos de esperanza, le propuse a mi hermana un pacto: que me prestara el ala del águila para surcar juntos el cielo, llevando conmigo a mis pequeños pichones y el suyo.

Mis padres, como ángeles guardianes, desplegaron sus alas de apoyo y permitieron que mi sueño despegara. Y el padre de mis hijos me otorgó el poder escrito de trascender fronteras y llevar a mis hijos hacia el nuevo horizonte que él ya habitaba. Sin embargo, en el engranaje del destino, yo, como una mariposa cautiva, decidí no volver a revolotear en el mismo infierno.

Partí un 24 de julio tras recibir la bendición de mis padres, dos ancianos sabios y luchadores, cuyas manos eran un mapa de historias. A pesar de lo mucho que ansiaba empezar de nuevo, fue un duro y difícil adiós. Las lágrimas adornaron nuestras mejillas y el dolor, intangible, pero palpable, se posó en el alma como un manto de niebla.

A pesar del dolor por la incertidumbre de no saber si algún día volvería abrazar aquellos que amo, sostenía la certeza de que dicha separación era necesaria para avanzar en el camino hacia el cumplimiento de mi inescrutable destino. Lejos de ser simples viajeros en busca de paisajes pintorescos, mis hijos y yo nos unimos al coyote para emprender un viaje de inmigrantes.

Este camino, más que un sendero de aventuras, se convirtió en un laberinto de dificultades, un océano tempestuoso de traumas y peligros que desafió cada paso que dimos. Pero esta es una historia aparte, un capítulo distinto que merece su propio espacio y tiempo para ser contado. En este relato, dejaremos que las palabras descansen en la brisa del mañana, preparadas para tejer una trama de resistencia, esperanza y redención en un futuro por venir.

En la frontera de Tijuana con California nos detuvo el Servicio de Inmigración y Control de Aduanas de EE. UU. Nos llevaron a un centro de detención en donde luego de un breve interrogatorio, toma de nuestras huellas digitales y fotografías, se nos entregó un dispositivo de rastreo que se convirtió en nuestra constante sombra. Cuatro horas de incertidumbre se deslizaron como un suspiro antes de ser trasladados a San Diego, CA, donde un nuevo capítulo de nuestra historia comenzaría a escribirse. Al día siguiente, con el corazón latiendo al ritmo de la incertidumbre y la esperanza, tomamos un avión hacia nuestro destino final, la Ciudad de Nueva

York.

Antes de aterrizar en la ciudad que prometía un nuevo comienzo contemplé el horizonte con ojos rebosantes de esperanza preguntándome qué secretos y desafíos nos aguardaban en sus calles bulliciosas. Y con el corazón lleno de anhelos y sueños, me entregué al llamado de esta tierra de oportunidades, dispuesta a escribir un nuevo capítulo en mi historia.

Llegué a Nueva York, esa ciudad que, desde que se presentó la posibilidad de viajar, veía dibujada en mis sueños. Nueva York, inmensa, llena de promesas y posibilidades, donde las luces destellaban como estrellas en el firmamento y los horizontes se expandían como océanos de oportunidades.

Lejos de dejarme cautivar por las postales de lugares impresionantes, mi fascinación con Nueva York siempre había radicado en las oportunidades que yo sabía podían aguardar tras el velo de lo desconocido: una mejor educación y futuro para mis hijos, ante todo; y la libertad, equidad, y el valor que anhelaba como mujer.

Me embriagué con aires de libertad y la certeza de que, a pesar de los desafíos, saldría triunfante. Pero, muy bien, lo dice Nelson Mandela:

«No hay camino sencillo hacia la libertad en ninguna parte, y muchos de nosotros tendremos que pasar a través del valle de la muerte una y otra vez antes de alcanzar la cima de la montaña de nuestros deseos».

En el corazón de la Gran Manzana, me convertí en una poesía ambulante, llevando en mis versos las cicatrices de una vida marcada por el exilio y la indiferencia. La soledad, mi fiel compañera, me envolvía en un abrazo frío en medio de la vastedad de una ciudad tan inmensa como indiferente. El recuerdo de un hogar lejano se deslizaba entre mis pensamientos, tejiendo sombras en mis ojos y pintando el paisaje urbano con los matices de la melancolía. En la realidad del inmigrante, la soledad se entrelazaba con el abandono, mientras los lazos familiares se desvanecían en la distancia a medida que los corazones se cerraban, negándose a extender una mano solidaria.

Y mientras el aroma de mi nuevo hogar se mezclaba con el sabor amargo de la nostalgia, mis ojos buscaban en vano los paisajes familiares que dejé atrás y el sonido de la ciudad, con su frenesí constante, me recordaba que estaba lejos de todo lo que conocía, emergió el deseo ardiente de ser yo misma, de liberarme de las cadenas que me mantenían prisionera a un mundo que ya no reconocía. Nació el fuego voraz de ser la capitana de mi propio destino y navegar por las aguas turbulentas de la vida guiando mi propio timón.

Emigrar,
una danza de corazones que
buscan un nuevo amanecer en tierras lejanas.

El eco de un dolor profundo,

tejido con las fibras del despojo económico,
la sed de conocimiento insatisfecha,
el yugo del desempleo y
el estruendo sordo de la violencia.

Emigrar,
desgarrar las raíces de la tierra amada,
dejar atrás los susurros del hogar por
el eco desconocido del mañana incierto.

¿Qué me depara el futuro?
¿Qué senderos aguardan en la
encrucijada del destino?

El alma se debate entre la nostalgia
por lo que se deja y la expectativa por lo que viene.

El recuerdo del olor de la tierra
mojada por la lluvia,
el anhelo de encontrar en la lejanía,
un rincón de paz;
el vacío de quienes ya no estarán para compartir las risas.
¿Habrá charcos para saltar como una niña libre?

Una pregunta resonaba en
mi mente y corazón,
¿encontraría en la distancia lo que tanto ansiaba?

Renacer

Posar mis pies en esta tierra de oportunidades me hizo encontrar conmigo misma y desligarme del pasado. Entre las calles de esta metrópolis, cargué con el peso del exilio, pero también con la certeza de que la fe en Dios me sostendría. Con cada amanecer, desvanecí las sombras del ayer y desperté de la pesadilla que me aprisionaba. Ahora, en el umbral de esta nueva vida, afirmo mi renacer como un ave fénix que emerge de las cenizas, lista para volar hacia la libertad.

En los confines de mi desesperanza, cuando el peso de un proceso legal en la corte de inmigración pende sobre mí como una sombra ominosa, la luz divina me condujo hacia un santuario inesperado, Sanctuary for Families. Esta organización se erigió como un refugio, como una familia forjada en la solidaridad y el apoyo incondicional.

Como un manto tejido, con hilos de compasión y esperanza, el apoyo social, legal y emocional recibido me envolvió, acogiendo mi fatigado espíritu con un abrazo gentil pero firme. Fue ese abrazo el que me otorgó la fuerza interior y la certeza necesaria para dar el primer paso hacia mi liberación, hacia un horizonte donde la esperanza brillaba con una luz renovada.

A través de cálidas sesiones proporcionadas generosamente por una consejera emocional, me sumergía en las profundidades de mi ser, explorando los recovecos de mi mente y corazón, y emergí como un faro, proyectando la luz de la autoconciencia sobre las aguas turbias de mi ser interior. Durante un año, estas terapias fue-ron la guía en mi viaje hacia la autoaceptación y el crecimiento personal, en el cual reconocí la preciosa joya que yacía oculta en las profundidades de mi alma: mi propio valor y dignidad.

En el resplandor de dicho descubrimiento, como quien encuentra un tesoro olvidado en las arenas del tiempo, descubrí que merecía un trato más digno, una reverencia hacia mi propia humanidad. Esta revelación fue como el florecimiento de un capullo delicado, alimentado por las aguas nutricias, de la reflexión personal y las sesiones terapéuticas.

Cada sesión era como un viaje al jardín secreto de mi alma, donde las semillas de la autoaceptación y el amor propio germinaban lentamente bajo el cuidado experto de mi consejera. Con cada palabra de aliento y cada gesto de comprensión, ella era como una jardinera hábil, podando las malas hierbas del autoengaño y nutriendo las raíces de mi verdadero ser.

En ese espacio sagrado de sanación, en el espejo de mi relación, vislumbré los retorcidos patrones del abuso, y en el eco de mi propia voz resonó la afirmación de que merecía algo mejor. Acepté que merecía una vida sin sombras, sin cicatrices invisibles marcando mi piel.

Otros ángeles terrenales, como mi abogada y sus colegas, se alzaron como guardianes de luz en mi sendero. Con su sabiduría legal y su compasión humana, me guiaron a través de los laberintos legales y emocionales hacia un lugar de mayor claridad y esperanza. Con cada abrazo reconfortante, con cada palabra de aliento, con cada prenda de vestir que cubría mi cuerpo y el de mis hijos, estos ángeles terrenales reforzaron mi creencia en la bondad inherente del ser humano y en la capacidad de encontrar la luz incluso en los momentos más oscuros.

Recuerdo con claridad las palabras de mi abogada pro bono, cuyo verbo resonaba con la verdad y la bondad inherentes a la humanidad: «No todos los corazones están manchados por la maldad. Mira a tus hijos, observa cómo en su pureza no hay rastro de malicia». Y en ese instante, fui tras la mirada de mis hijos, descubriendo en ella el reflejo del amor más puro y la determinación más feroz y la fuerza para enfrentar los desafíos, para luchar por un futuro donde la seguridad y el amor prevalezcan. En *Sanctuary for Families*, encontré no solo ayuda legal, sino también un hogar donde el amor y la esperanza florecen, donde el peso del miedo se disipa ante el poder del amor maternal.

Cada vez que escucho a mi terapeuta decir que soy fuerte, que puedo lograrlo y que merezco lo mejor, algo dentro de mí cobraba vida. Es como si sus palabras fueran un eco resonante en mi alma, recordándome la fuerza que siempre había estado dentro de mí, esperando ser reconocida. Y ahora, estoy convencida de que es verdad. Estoy lista para escribir un nuevo capítulo en mi vida. Uno donde el amor propio sea la melodía que guíe cada uno de mis pasos hacia la libertad.

Mi transformación se despliega como las suaves olas del mar, una marea constante que acaricia la orilla del tiempo. Cada cambio es una nota en la sinfonía de mi evolución, una melodía que se compone con esfuerzo y determinación. He dejado atrás los miedos y la culpa como quien suelta amarras pesadas para dejarse llevar por la corriente de la vida.

Caminar por mi lugar favorito, Wall Street, siempre fue un ritual lleno de inspiración. Cada vez que contemplaba la bolsa de valores más grande del mundo, sentía la llamada de un deseo profundo que latía en mi interior. Prometí a mí misma que algún día sería parte de ese mundo, que invertiría en acciones y participaría en el dinámico juego financiero que allí se desarrollaba.

Y como si el universo estuviera escuchando mis anhelos, más tarde, esos sueños comenzaron a hacerse realidad. Invertí en algunas en acciones, sumergiéndome en el apasionante mundo de las finanzas y participando en el crecimiento de empresas estadounidenses. Cada transacción, cada decisión de inversión, es un paso más hacia la realización de aquel voto que hiciera en las calles de Wall Street.

También decidí retomar mi profesión de origen y ya estoy muy cerca de convertirme en asistente de maestro. ¡Estoy cada vez más cerca de abrazar mi verdadera vocación!: ser un guía compasivo que cultiva mentes jóvenes con la misma dedicación y amor con que un jardinero cuida de sus plantas más preciosas.

Aprender un nuevo idioma, inglés, se ha convertido en componer una nueva melodía en el pentagrama de mi vida. Cada palabra aprendida es una nota vibrante que enriquece mi experiencia, creando una armonía única de crecimiento y conexión con el mundo que me rodea.

Mientras me preparo para este nuevo capítulo, busco la sabiduría y el apoyo de un coach—entrenador— de vida, no solo para regresar al hogar que dejé en Ecuador, sino también a Sanctuary for Families, en donde ofreceré mis servicios para ayudar, al igual que ellos lo hicieron conmigo.

Y así, hoy,
en el horizonte de lo posible,
me descubro tomando
las riendas de mi destino,
protegiendo mi esencia con
amor y buscando la
luz en medio de la oscuridad.

Sigo despertando a la verdad
de mi propia valentía;
ya no lucho contra las
olas del destino,
sino que las abrazo con
aceptación y gratitud.

En este océano de posibilidades,
siento una nueva capacidad en mí,
una certeza de que
puedo lograr todo lo que deseo,
porque yo puedo.

Como un barco que navega
hacia horizontes desconocidos,

estoy lista para explorar los
mares de mis sueños y
descubrir las maravillas
que aguardan más allá
del horizonte.

Hoy me encuentro
en el umbral de la libertad,
liberada de las cadenas culturales
que alguna vez me ataron.

Merezco una vida
colmada de luz y alegría,
donde mis talentos resplandezcan
como estrellas en la noche.

Estoy comprometida con
el viaje hacia esa vida plena,
dispuesta a desplegar mis alas
y alcanzar las alturas más altas.

Mis habilidades y pasiones
son como gemas preciosas,
destinadas a brillar en
el firmamento de mi existencia,
iluminando el camino hacia un futuro
radiante y lleno de posibilidades infinitas.

Vencer los Temores

Todos llevamos dentro temores y cadenas, pero al aceptar la compañía del miedo, descubrimos la belleza del viaje que nos aguarda. Superar nuestras limitaciones es como contemplar el vuelo de las mariposas, dejándonos llevar por el viento hacia nuevas alturas, llenas de promesas y descubrimientos.

Pensemos que somos artesanos de nuestra propia narrativa. Cada desafío es un hilo tejido con nuestras propias manos, y la forma en que interpretamos cada hebra determina el tapiz que adornará nuestro camino.

Es la actitud con la que enfrentamos las adversidades la que moldea nuestra realidad, y es con una sonrisa en el rostro que desafiamos al destino y escribimos nuestro propio destino. El enfoque es nuestra brújula en este viaje hacia el éxito, guiándonos hacia la realización de nuestros sueños y metas.

¿Qué es éxito para ti?

Para mí, es seguir la melodía de mi corazón, esculpir mis propias metas y decisiones con la precisión de un escultor tallando la piedra para revelar la obra maestra oculta en su interior.

Alcemos la mirada hacia el vasto firmamento de nuestras aspiraciones, pensando en grande con la grandeza de las estrellas que componen las galaxias desconocidas. Somos el autor intrépido de nuestros pensamientos, escribiendo historias en el cielo que eclipsan la monotonía con destellos de grandeza. En cada paso, recordemos nuestra grandeza como un eco de nuestras más audaces reflexiones.

En este país de oportunidades, alcémonos desafiantes, decididos a romper barreras y dejar nuestra huella en el mundo. Los locos somos quienes cambiamos el curso de la historia, y tú, y yo, con nuestras metas claras y determinación inquebrantable, estamos en el camino hacia la grandeza, hacia el lugar donde nuestros deseos se hacen realidad.

En nuestra preparación, cada día es una oportunidad para cincelar los cimientos de nuestro ser. Con martillo en mano, construyamos nuestra fortaleza, ladrillo a ladrillo. La mente es el plano que traza el diseño y el corazón el motor que impulsa cada avance.

Decir Adiós

Ha llegado el momento de cerrar el libro de mi historia, de poner punto final a este relato que he tejido con los hilos de mis vivencias y emociones. Como el atardecer que tiñe el cielo con tonos dorados, es hora de dejar que el telón caiga suavemente sobre el escenario de mi vida.

De dejar atrás todo aquello que me ha impedido avanzar, de soltar los lastres que me mantenían anclada en un tiempo que ya no existe.

Reconozco que, aunque algunas decisiones salieron mal, no me debo condenar por ello. Al contrario, de mi pasada ignorancia nació la sabiduría que ahora guía mis pasos. El pasado, imposible de cambiar, se convierte en un maestro que me enseña a mirar hacia adelante.

Hoy rompo las cadenas del pasado
y me libero para mirar
con valentía hacia el futuro.

Reconozco que
el camino hasta aquí
no ha sido fácil,
que he llorado,
he luchado,
he caído y
me he levantado una y otra vez.

Con la certeza de
mi fortaleza interior,
enfrento el mañana
con renovada esperanza
y determinación.

Y si alguna vez vuelvo atrás,
será solo para recordar
mi valentía y fortaleza,
para recordarme
cuánto he crecido
desde entonces.

Dejo atrás el espejo roto
que alguna vez me hizo
dudar de mí misma, y
los años de sufrimiento
que parecían no tener fin.

En su lugar,
me contemplo en un
espejo nuevo,
bañado por el amor
divino, y me prometo
a mí misma amarme
y valorarme cada día.

Mi vida,
un relato tejido
con hilos de experiencia y emoción,
es ahora un regalo
que ofrezco al mundo.

Cada página de mi historia,
escrita con la tinta de mi propia alma,
es un testimonio de mi coraje
y resiliencia,
un tributo a
la mujer valiente que soy,
y a esas mujeres
que luchan cada día
por sobrevivir.

Y así,
con la certeza de que
soy más fuerte de lo
que jamás imaginé,
me lanzo hacia el futuro
con la determinación de
un junco en la tormenta,
flexible pero indestructible,
lista para brillar
después de cada tempestad.

Alcanzar mi Grandeza

En la ruleta de la vida,
soy el arquitecto de mi propia grandeza,
consciente de que cada detalle,
cada aprendizaje,
es una parte esencial
de la majestuosa obra
que estoy creando.

Estoy en constante metamorfosis,
abandonando las viejas capas
de mí misma para dar paso
a un renacimiento
donde mis pensamientos,
enfoque y hábitos
danzan al compás
de una nueva melodía.

Alcanzar mi grandeza
es como explorar un vasto océano
donde las olas de desafíos
se elevan y caen,
pero mi determinación
es la brújula que guía mi rumbo.

Va más allá
de simples metas externas;
es un viaje interno,
una odisea de valentía
y autodescubrimiento.

Es enfrentar mis miedos y dudas
con la fuerza de un león
que protege su territorio.

Es rediseñarme a mí misma
en el fragor de la batalla,
moldeando mi carácter
como el escultor talla la piedra.

Alcanzar mi grandeza
es tejer vínculos auténticos
con otros navegantes
de este mar de la vida,
construyendo una red de apoyo
que me sostiene en los
momentos de tormenta.

Es cultivar mi fuerza interior
y resiliencia,
elevarme por encima de las tempestades
con la gracia de un gavilán en vuelo.

Es encontrar el equilibrio
entre mis ambiciones
y mi bienestar,
donde el éxito se mide
no solo por logros tangibles,
sino también por la paz interior y
la contribución positiva
al mundo que me rodea.

Mi grandeza no yace
en las coronas que
adornan mi frente,
si no en el valor intrínseco
que emana de mi ser.

Grito de Mujer

Anhelo desgarrar el silencio
con el clamor del valor femenino
como un trueno que retumba
en los confines del universo.

Mi deseo es un grito de guerra,
una sinfonía de empoderamiento.

Que el eco de nuestras voces se alce
celebrando la belleza intrínseca,
el poder indomable
que lleva consigo cada mujer.

Deseo que el mundo reconozca
una verdad innegable:

La mujer,
con su valentía innata,
merece la plenitud de su libertad;
florecer en la luz
de su propio potencial,
empoderada y libre
para trazar su propio destino.

La mujer es más que una simple creación;
es un puente entre lo terrenal y lo divino,
un faro de luz
que guía a través de la oscuridad.

Los latidos de su corazón
son una sinfonía celestial
que tejen el tapiz del universo
con hilos de esperanza y amor.

Cada mujer es una obra de arte única,
una flor en el jardín de la vida
que ha sido eclipsada por sombras de violencia.

¡No permitamos que persista!

Es tiempo que el mundo vea
la grandeza de cada mujer;
protegiendo su luz y su dignidad
con fervor y determinación.

¡Que resuene en todos los rincones del mundo!

En cada latido de nuestro ser
yace una historia de coraje,
una canción de resiliencia
que fluye en nuestras venas

como un río indomable.

¡Mujer! Cada desafío,
cada obstáculo en el camino,
es una nota en la sinfonía del destino.

Cada lección,
un pincelazo en el lienzo de nuestra existencia
que da forma a nuestro propósito
con la precisión de un artista consumado.

Mis caídas fueron escalones hacia la cima de mi misión,
cada lágrima derramada regaba las semillas de mi crecimiento.

Como un árbol ante la tormenta me doblé,
pero nunca me quebré.
Cada golpe, cada contratiempo,
fue un eslabón en la cadena de mi destino.

Cierro este libro con gratitud en el corazón,
con las lecciones aprendidas grabadas en mi memoria,
y la esperanza encendida en mi alma.

Este relato hoy llega a su fin,
pero la historia de mi vida
continuará escribiéndose en las páginas del tiempo.

Sobre la autora

Emma Siguencia es graduada en educación primaria y nació en Ingapirca, Ecuador. En 2021, cruzó la frontera entre Tijuana y California para ingresar a los Estados Unidos. Actualmente, reside en la Ciudad de Nueva York con sus dos hijos y se está formando para ser asistente de enseñanza en educación básica. «Renaciendo entre metáforas» es su primera obra literaria.

Puedes visitarla en 📷 @siguenciaemma.

Milton Keynes UK
Ingram Content Group UK Ltd.
UKHW020120170724
445316UK00007B/58